AF279065

Op.
70.

M. JOSÉ DA SILVA MENDÈS LÉAL

LE

PORTUGAL

Étude contemporaine

PAR

CHRISTIAN DE TROGOFF

Officier d'Académie

PARIS

ALLOUARD, ÉDITEUR

37, RUE SERPENTE, 37

1879

M. JOSÉ DA SILVA MENDÈS LÉAL

LE  PORTUGAL

Étude contemporaine

PAR

CHRISTIAN DE TROGOFF

Officier d'Académie

PARIS

ALLOUARD, ÉDITEUR

37, RUE SERPENTE, 37

1879

LE
PORTUGAL

ÉTUDE CONTEMPORAINE

Il n'est pas de pays qui, plus que le Portugal, mérite d'attirer l'attention et la sympathie de l'Europe latine, beaucoup moins menacée dans son avenir que ne le supposent certains pessimistes, ou que ne le désirent certains peuples dans l'ivresse des premiers succès. Ce n'est pas à l'étendue des territoires que se mesure la grandeur des nations ; et l'ambition conquérante n'est pas le seul signe des nationalités vivaces. Le passé et le présent du Portugal sont d'accord pour confirmer cette rassurante vérité, que ne démentira pas l'avenir.

Qui ne croirait, à la première vue d'une carte de la péninsule hispanique, que ce long et étroit parallélogramme qui s'étend du Minho au Guadiana, est une dépendance naturelle et géographique de l'Espagne ? Il n'en est rien : les fleuves communs aux deux pays ne sont que les fossés des murs montagneux qui les séparent ; et pour aller de Madrid à Lisbonne, les deux grandes villes du bassin du Tage, Junot, qui suivit la vallée de ce fleuve en 1807, laissa derrière lui, dispersée sans combat, la moitié de son armée :

moins pressé que Junot, le chemin de fer actuel quitte le Tage et joint le Guadiana, pour atteindre par ce long détour la capitale portugaise, située à l'embouchure même du Tage. Imaginez-vous que, pour aller de Paris à Rouen, vous soyez forcé de passer par Orléans : vous aurez une idée de la difficulté des communications entre l'Espagne et le Portugal, et de la force de résistance que ce dernier pays peut opposer à l'autre en cas de guerre. Au reste, l'histoire confirme ici les données de la géographie. Pendant 60 ans seulement, le Portugal resta sous le joug espagnol. Il suffit de l'heureuse et patriotique conjuration de 1640 pour le délivrer ; et c'est une des gloires les plus pures de la France d'avoir contribué, par sa politique, à cette admirable résurrection d'un peuple qui, s'étant donné pour mission, avec les don Henri, les Gama et les Albuquerque, la découverte et la colonisation du monde entier, n'était tombé entre les mains de son avide voisin que par l'héroïque épuisement de cette œuvre gigantesque.

Que les temps sont changés ! A trois reprises, en 1868, en 1869, en 1874, Louis Ier qui règne en Portugal depuis 1861, fut vivement engagé à poser sur sa tête la couronne d'Espagne ; il est peu probable que cette revanche eût été pacifique ; en tout cas, on ne peut que louer et admirer la prudence avec laquelle Louis Ier repoussa un honneur aléatoire, sans doute éphémère, et dangereux pour le peuple dont Dieu et la Constitution lui ont confié les destinées. Il est rare en Europe de trouver des souverains qui préfèrent l'intérêt bien entendu de leurs sujets à la gloire de leur nom et à l'extension de leur dynastie. Eh bien ! de tels sentiments sont dans la maison de Bragance une véritable tradition de famille. Don Pédro V, le frère et le prédécesseur du roi actuel, mourut dans l'épidémie de fièvre jaune de Lisbonne, dont il avait tenu à secourir les habitants de sa personne, tel qu'un père dont le cœur n'est ému que par le danger de ses enfants. Voilà des faits qui parlent bien haut. Si la première garantie de prospérité et de tranquillité pour un peuple consiste dans l'accord du gouvernement et de la nation, et dans cette parfaite conformité de vues, d'où naît un attachement aussi inviolable que réfléchi, on chercherait en vain un pays en Europe où ces conditions se présentent plus complètes, plus anciennes et plus durables que dans le royaume de Portugal. En connaissez-vous un dont le souverain ait de lui-même demandé la réduction de sa liste civile? C'est ce qu'a fait, il y a quelques années, don Louis!.. Cet illustre souverain, cette âme moulée sur le patron des siècles antiques, semble avoir pris pour devise les beaux vers du poète: *Non regem excubiæ, non circumstantia pila, sed tutatur amor...*

Le Portugal est-il donc pauvre, pour que le roi fasse lui-même des sacrifices ? Non ; mais il est obéré, ce qui n'est pas du tout la même chose. Il a une dette relativement considérable, puisqu'elle dépasse deux milliards pour une population d'environ quatre millions d'habitants (non compris les Açores, Madère et les colonies qui en renferment le même nombre). Autant le Portugal a montré de prudence dans sa politique extérieure, autant il a manifesté de hardiesse, et, ne craignons pas de le dire, de légitime confiance, lorsqu'il s'est agi de la mise en valeur des immenses ressources que présente son territoire. La plupart des économistes contemporains lui ont reproché les centaines de millions dépensés pour les travaux publics, surtout pour les routes et les chemins de fer, dont la nature du pays rend la construction si difficile et si onéreuse. Les chiffres des recettes du trésor public montrent cependant que de telles dépenses sont loin d'être téméraires, et qu'elles deviennent vite très productives. Le budget du Portugal a presque doublé dans les quinze dernières années. En 1852, les exportations n'étaient que les 6/9 environ des importations; en 1870, elles étaient les 4/5. Le chiffre total du commerce a triplé dans la même période de 15 millions de milreis (le milreis vaut 5 fr. 56 c.) à 45 millions.

Cette progression de la richesse nationale, qui est destinée à dépasser les espérances les plus optimistes, n'étonnera cependant pas ceux qui ont suivi les diverses expositions internationales, et qui ont comparé *de visu*, à quelques années d'intervalle, le bilan économique de l'agriculture et de l'industrie portugaises.

Le sol renferme d'incomparables richesses. D'après Murphy, le lac de Sapellos (près deChares), aurait été produit par une mine d'or ou d'argent exploitée par les Romains. L'or se rencontre dans tous les cours d'eau, particulièrement dans le Mondego, et, sur la plage de Lisbonne, il est exploité avec avantage. La mine de cuivre de Saint-Domingue est la plus considérable du monde entier, et donne annuellement la moitié du produit de toutes les mines de cuivre de la Grande-Bretagne. Le sel de Sethbal est exporté dans le monde entier, et renommé à Terre-Neuve pour la salaison de la morue. La houille du bassin du Duero, les marbres blancs aussi beaux que ceux de Carrare, sont des richesses naturelles encore presque inexploitées, et qui évidemment, sans les 1,000 kilom. de chemins de fer et les 3,000 kilom. de grandes routes dont le gouvernement actuel a doté le pays, seraient restées éternellement enfouies et inutiles. Pourquoi les eaux minérales et thermales, dont Vasconcellas élève le nombre à deux cents, sont-elles inconnues en dehors du royaume? Affaire de mode, qu'une mode contraire peut détruire et supplanter d'un jour à l'autre, si les capitaux et l'industrie des hommes s'en mêlent.

L'agriculture portugaise s'est ressentie aussi de l'impulsion que le gouvernement a donnée au travail. Il y a dix ans, la commission d'agriculture présidée par M. Rebello da Silva, pair du royaume, évaluait déjà le produit brut des terres à 562 millions par an. Et cependant, la superficie cultivée complètement n'était que de deux millions d'hectares. Depuis elle s'est accrue de 500,000 hectares, c'est-à-dire du quart. Beaucoup de terrains sont moitié cultivés, moitié boisés. Il y a encore de très grandes forêts de chênes-liège, de châtaigniers, etc, et sur beaucoup de points, le reboisement est activement poursuivi. Aujourd'hui que la vigne et le mûrier sont mortellement atteints dans le midi de la France, le Portugal voit augmenter son exportation en vins et en graines de ver à soie. La première est d'environ 500,000 hectolitres par an ; elle était en 1842 de 177,941 hectolitres. En quatre ans, de 1864 à 1868, la production de la soie s'éleva de 400 millions à 1,400 millions de reis. L'oranger, le figuier, le citronnier, fournissent aussi beaucoup à l'exportation, principalement pour la Grande-Bretagne. La fabrication de l'huile d'olive a fait de grands progrès ; la production annuelle en est à peu près de 250,000 hectolitres. La betterave a été introduite dans le nord du royaume, et y réussit parfaitement. Enfin l'élève des bestiaux, depuis que l'Angleterre leur donne un débouché, a pris le plus grand développement. Les tissus de laine et de lin, les dentelles, la fabrication des chapeaux et des chaussures, l'imprimerie, et généralement la plupart des industries modernes, font des progrès tous les jours sensibles.

Le temps n'est donc plus, on le voit, où le Portugal était lié par le traité de lord Méthuen. Il vit aujourd'hui par lui-même, il s'instruit de tous les perfectionnements et de toutes les découvertes modernes, il les applique à son profit, au milieu de la confiance et des sympathies des nations de l'Europe, qui connaissent tout ce que la civilisation lui doit dans le passé et qui

sentent tout ce que lui réserve l'avenir. Il n'a ni défaites
à venger, ni ambition à satisfaire. Il accueille bien tous
les étrangers, particulièrement les Français; il mérite
qu'on l'aime et qu'on l'aide, et qu'on y regarde à deux
fois avant de déclarer ses récentes entreprises démesu-
rées et téméraires. C'est la même hardiesse, la même
confiance imperturbable dans l'avenir, qui conduisit
Vasco de Gama jusqu'aux Indes. Aujourd'hui, les Por-
tugais cultivent leur propre héritage, trop longtemps
délaissé; ils connaissent la vertu de la patience; ils
sont assurés de la paix; ils sont bien gourvernés; le
succès ne leur fera pas défaut et récompensera le roi et
son peuple de tant de qualités éminentes et d'efforts
persévérants.

Il serait injuste de parler du Portugal sans prononcer
le nom de Son Excellence M. José da Silva Mendès
Léal, son illustre représentant en France, qui est
non-seulement un diplomate hors ligne, mais encore
un érudit des plus distingués.

Protégeant les arts et la science, le grand homme
d'État a su former autour de lui un cercle composé
de lettrés et d'artistes qui sont à même d'apprécier
chaque jour son affabilité, son goût exquis et son tact
parfait.

Nous nous proposons d'ailleurs de revenir prochai-
nement et d'une façon moins brève sur cette haute
personnalité.

Christian de TROGOFF.

Paris. — Imp. Dubuisson et Cᵉ, rue Coq-Héron, 5.

PARIS. — IMP. DUBUISSON ET Cⁱᵉ.

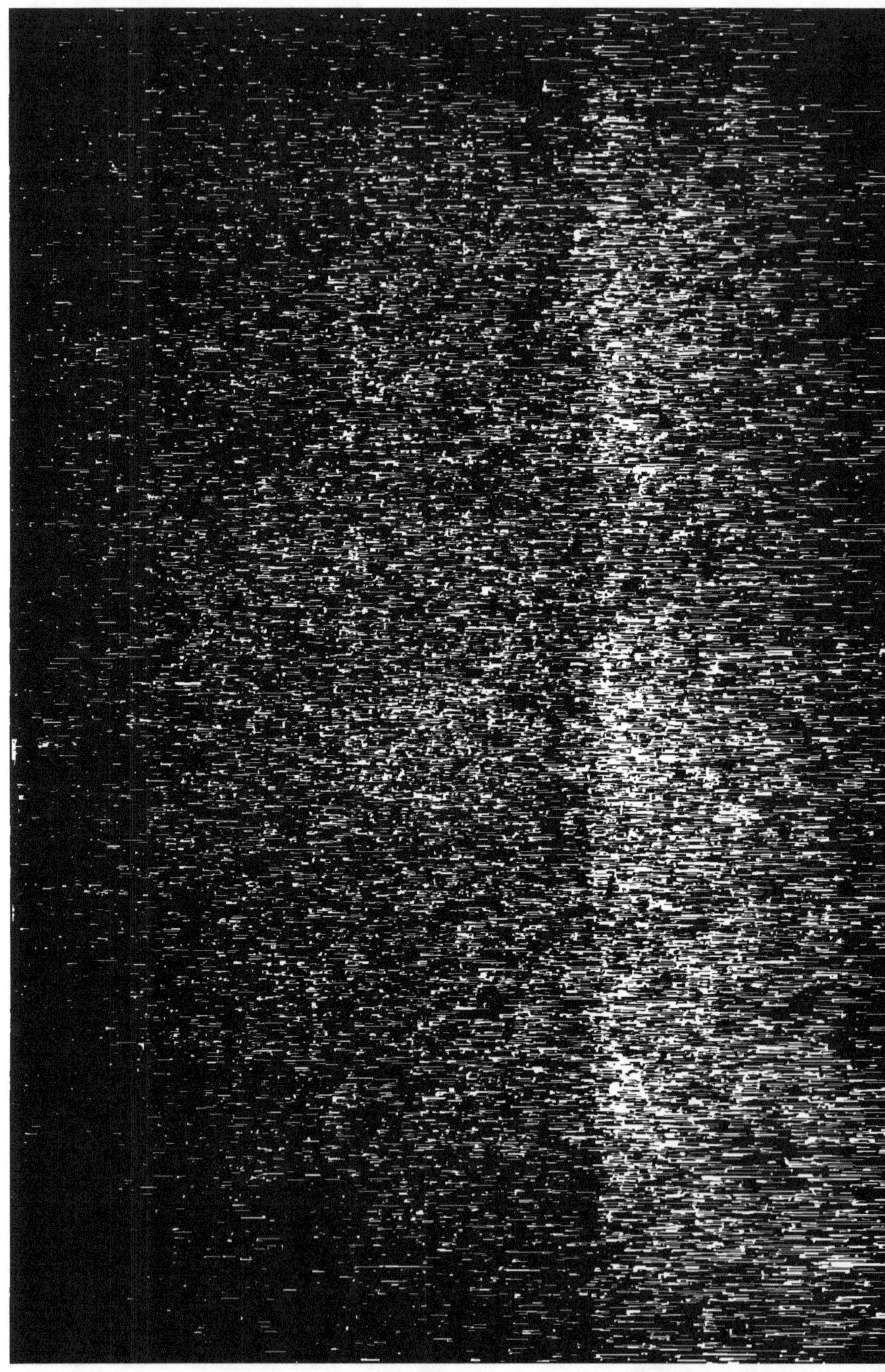